Y 5492.
0+4.

Ye

10024

ÉLOGE

DE VOLTAIRE,

POÈME.

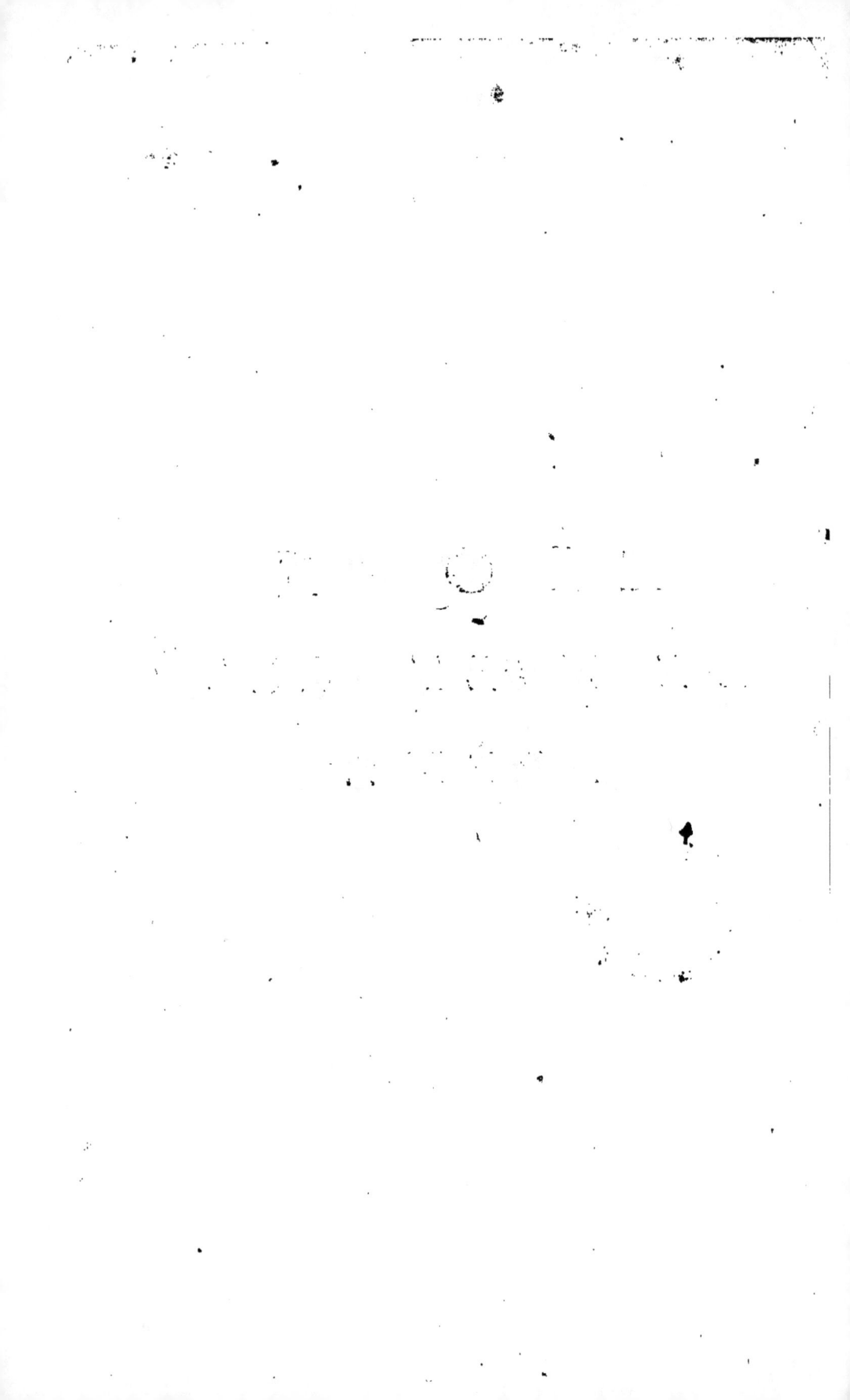

ÉLOGE

DE VOLTAIRE,

POÈME,

Qui a concouru pour le Prix de l'Académie
Française, en 1779.

Par M. NOUGARET.

« Du moins, s'il faut célébrer toujours ceux qui
» ont été grands , réveillons quelquefois la cendre
» de ceux qui ont été utiles ».

Volt. Eloge funèbre des Officiers morts dans la
Guerre de 1741.

A GENÈVE,

Et se trouve A PARIS;

Chez GUEFFIER, Libraire-Imprimeur, au bas
de la rue de la Harpe.

ÉLOGE

DE VOLTAIRE,

POÈME.

Des sublimes talens illustrant la carrière,
Vainement le Génie en ouvrait la barrière,
Secondait les efforts de ses heureux rivaux,
Et daignait couronner tous leurs doctes travaux;
Ma Muse, jeune encore, inconnue & timide,
Craignait de prendre un vol, un essor trop rapide,
Etouffait de la gloire un imprudent desir,
Au Vainqueur fortuné contente d'applaudir.
Mais tandis qu'au signal des Sages du Permesse,
Les enfans des Beaux-Arts, transportés d'allégresse,
Se hâtent d'élever d'éternels monumens,
Fiers d'immortaliser leurs noms, leurs sentimens;
Lorsque tout les invite à célébrer VOLTAIRE,
Ma Muse en l'admirant pourrait-elle se taire?

Non, sans briguer l'honneur d'un dangereux éclat,
Un silence modeste aurait l'air trop ingrat :
L'Elève doit toujours un hommage à son Maître.
VOLTAIRE fut le Dieu qui vint lui donner l'être.
Dans ses nombreux Ecrits, des Peuples le flambeau,
Elle vit le précepte & l'exemple du beau,
Et connut, en lisant d'aussi parfaits modèles,
Qu'on n'a point aisément des palmes immortelles.
Vous, que ce Dieu du Pinde en tout tems inspira;
Tel qu'un Astre brillant, ô vous qu'il éclaira !
Nourriçons des Neuf Sœurs; vous, leurs dignes Mécènes,
Qui tourmentez l'Envie en riant de ses haînes,
Rendons à ce grand homme un honneur mérité,
Eprouvons les transports de la Postérité;
Dans le Temple des Arts, dans ce Lycée auguste,
Entourons de lauriers & couronnons son buste....
Quelle foule s'empresse, en cet heureux instant,
A rendre à sa mémoire un hommage éclatant ?
Je vois, je reconnais les enfans du Génie,
Dont l'Europe s'honore, ainsi que ma Patrie;
Pénétrés de respects pour ses rares talens,
Ils doivent à lui seul tous leurs succès brillans,
Et vont sur son tombeau déposer leurs couronnes :
Ainsi du Pinde entier il occupa les Trônes.
Le sévère Censeur de tout le genre humain,

Qui fait fixer des Rois la gloire & le deftin ;
De l'augufte Clio, l'Amant fier, intrépide,
Déclare que fouvent VOLTAIRE fut fon guide.
Le Peintre attendriffant des tragiques malheurs,
Qui force l'homme dur à répandre des pleurs ;
Cet enchanteur aimable, inftruit par Melpomène,
De preftiges touchans animant notre Scène,
Pour maîtrifer les cœurs au gré de fon efpoir,
De VOLTAIRE a faifi le grand art d'émouvoir ;
Cet art toujours vainqueur, vrai tréfor du Génie,
Et qui fonde à jamais fa puiffance infinie.
Le léger Ecrivain d'agréables Romans,
Des frivoles Leßeurs joyeux amufemens ;
L'Auteur ingénieux d'un charmant badinage,
De nos oififs futurs veut briguer le fuffrage,
S'énorgueillit, s'étonne en voyant, comme lui,
VOLTAIRE fe jouer de quelques jours d'ennui.

J'apperçois Calliope ; elle approche, elle avance ;
Plus d'un Auteur Français rougit en fa préfence ;
Elle embraffe les traits du Chântre de Henri,
Le feul qui parmi nous en ait été chéri : —
« O l'honneur de ton fiécle ! ô grand homme, dit-elle !
» Qui ne ferait jaloux de ta gloire immortelle ?
» Toi feul tu méritas mes fublimes leçons.
» Pénétre d'un beau feu mes dignes nourriçons ;

A iv

» Que ton exemple apprenne enfin à ta Patrie,
» Qu'on a tous les talens lorfqu'on a du génie.
» Tu chantas un Héros, l'amour de ton pays.....
» France! Henri renaît du milieu de tes lys ;
» Il fera ton bonheur & celui de la terre :
» Hélas! quand verra-t-on reparaître un VOLTAIRE » ?
Elle dit, & dépofe auffi-tôt fes lauriers,
Que l'on ne peut cueillir qu'en dix fiécles entiers.
  En croirai-je mes yeux? Ce Poéte fublime,
Des Grâces qu'on adore obtint auffi l'eftime :
Brillantes des attraits d'une noble pudeur,
Charmes de la jeuneffe & des vertus du cœur,
Belles fans aucun art, la Nature eft leur guide :
Au Temple des Neuf Sœurs marchant d'un pas timide,
Elles nomment VOLTAIRE, & répandent des pleurs,
Et couvrent fes lauriers de guirlandes de fleurs.
Ainfi, tout en brûlant du defir de la gloire,
Dans les fiécles futurs illuftrant fa mémoire,
Aux doux chants des Amours il uniffait fa voix,
Le luth d'Anacréon foupirait fous fes doigts ;
Sa Mufe tour-à-tour grave, badine, auftère,
Charme ce sèxe aimable, ornement de la terre,
Qu'on veut fuir quelquefois, qu'on adore toujours,
Et de qui dépend feul le bonheur de nos jours :
Son efprit délicat eft orné par les Grâces ;

Il conduit à fon gré, fait voler fur fes traces
La Gaîté, la Raifon, les Plaifirs & l'Honneur;
Dans les champs de Bellone il produit la valeur,
Et donnant au Génie une ardeur falutaire,
Montre qu'un beau triomphe eft de pouvoir lui plaîre.

    Mais VOLTAIRE, immortel dès fes premiers effais,
S'annonçait chaque jour par de nouveaux fuccès,
Et réveillait fouvent les ferpens de l'Envie,
Qui crut ternir fa gloire à jamais affermie.
Ce monftre ténébreux, craignant l'éclat du jour,
S'agite & fe tourmente en fon obfcur féjour;
Tout mérite le bleffe, il cherche à le profcrire,
Et dans fes noirs tranfports lui-même il fe déchire.
Il met fur-tout fa joie & fes plaifirs affreux
A pourfuivre un Poéte un feul inftant heureux,
Tandis que fes lauriers, fon triomphe infenfible,
Sont le fruit d'un travail auffi long que pénible.
A ce monftre implacable, & qui fait tout ofet,
L'éclatante Vertu ne peut en impofer:
Aux maux des malheureux, l'âme compatiffante,
VOLTAIRE leur tendit une main bienfaifante,
Et du faible opprimé fut l'ardent défenfeur.
L'Envie en redoubla fa jaloufe fureur.
Le grand homme tranquile oppofa la conftance,
Et les mépris du Sage, & la reconnaiffance

De tant d'infortunés, dont fes nobles fecours
Ont confervé l'honneur & ranimé les jours.
Tel eft l'ouvrage heureux de la Philofophie,
Ce fentiment fi pur de toute âme ennoblie.

    Délices des mortels qui réforment leurs mœurs,
Amour de la Sageffe embrâfe tous les cœurs,
Tu couronnas jadis la bienfaifante Aftrée,
Et tu renais encor fur la terre éclairée.
Le Trône eft peu pour toi; tu daignes y monter
Pour rendre heureux le Peuple, & mieux faire éclater
Les utiles vertus qu'annonce ta préfence;
Le Nord depuis long-tems fent ta douce influence;
Un Monarque, un Héros, le favori de Mars,
Qui daigne protéger & cultiver les Arts,
A furpaffé le vœu que formait dans la Grèce
Un Sectateur fameux des lois de la Sageffe.
Des Socrates nouveaux, du plus beau zèle épris,
Célébrent tes douceurs dans leurs doctes écrits.
Au gré de leurs defirs n'éprouve plus d'obftacles,
Dans ce fiécle pervers enfante des miracles;
Que la Nature enfin jouïffe de fes droits,
Et de l'Humanité fais entendre la voix;
Répands de toutes parts tes brillantes lumières,
Et que le genre humain foit un peuple de frères.

    Des malheureux mortels déplorant le deftin,

Tel fut aussi le vœu du sublime Ecrivain,
Qu'en le désapprouvant un Aristarque admire ;
L'amour du bien public sous sa plume respire ;
De son vaste génie on voit la profondeur,
Et nous applaudissons la bonté de son cœur.
De deux moteurs puissans la force irrésistible
Animait tour-à-tour cette âme si sensible ;
L'impérieux desir de l'immortalité,
Et pour les malheureux l'ardente activité.
Un aride désert, l'effroi de la Nature,
Voit fleurir à sa voix l'utile Agriculture ;
Il seconde, il conduit le soc du Laboureur,
Et sous le toît rustique habite le bonheur.
Son zèle généreux, qu'enflamme sa Patrie,
De l'habile Artisan réveille l'industrie :
O Ferney ! tu confonds ses ennemis cruels ;
O Ferney ! tu dois tout à ses soins paternels.
Peu flatté de cueillir un laurier trop stérile,
VOLTAIRE à ses Ecrits donnait un but utile ;
En changeant les destins de l'humble adversité,
Il éclaira son siécle & la Postérité.
Voilà de ses bienfaits la source si féconde,
Et de tous ses travaux l'étonnement du monde.
   Suivez ce grand exemple, Amans de tous les Arts ;
D'une mer orageuse affrontant les hasards,

Vous brûlez d'acquérir une immortelle gloire,
Et de vivre à jamais au Temple de mémoire :
Rendez chers vos talens, qu'ils servent les mortels,
Soyez plus que fameux, méritez des Autels.

VOLTAIRE était trop grand, subjuguait trop l'estime,
Pour ne point inspirer un sentiment intime
A des cœurs vertueux & dignes de l'aimer,
Qu'un éclatant mérite a le droit de charmer :
Tandis que s'agitant au sein de la poussière,
L'insecte ose insulter l'Astre dont la lumière
Ranime l'univers, mais qui blesse ses yeux,
S'élevant jusqu'au Ciel, un aigle impérieux,
Dans son rapide vol, du Couchant à l'Aurore,
Contemple le Soleil, & l'admire, & l'adore.
O divine Amitié ! tes suprêmes douceurs,
Sont d'un Dieu bienfaisant les plus rares faveurs ;
Tu consolas VOLTAIRE & des traits de l'Envie
Et des chagrins affreux dont la gloire est suivie ;
Pour combler son espoir & sa félicité,
Tu guidas près de lui la Vertu, la Beauté (1).

De quels cris douloureux mon âme est déchirée ?
Que vois-je !... Où courez-vous, ô famille éplorée !
Quel horrible malheur s'attache sur vos pas ?...

_____

(1) Madame Denis, & Madame la Marquise de Villette.

Parmi de longs fanglots , j'entends nommer Calas.
Ah ! d'un zèle cruel déplorables victimes ,
Qu'au nom du Dieu de paix on a commis de crimes !...
Mais d'un vieillard en pleurs les bras vous font ouverts;
Son éloquence tonne , & dit à l'Univers : --
« De Calas en mourant le fupplice s'achève ,
» Et la voix du remords dans fes bourreaux s'élève ». --
    Infortunés Sirven , cet illuftre vieillard ,
Qui vint du Fanatifme arracher le poignard ,
Sera votre vengeur , votre Dieu tutélaire;
Pénétrant de Thémis l'augufte Sanctuaîre ,
Il s'écriera , faifi d'un généreux tranfport : --
« Vous qui donnez d'un mot ou la vie ou la mort,
» Craignez d'être féduits; une vaine apparence
» Peut faire condamner la timide innocence,
» Et vos regrets alors ne la fauveront pas
» Du déshonneur affreux , pire que le trépas ». --
    Ombre du grand Corneiile, ombre fublime & fière!
Quand VOLTAIRE eut fini fon illuftre carrière,
De joie à fon afpect on te vit treffaillir,
Avec un doux tranfport l'embraffer , l'accueillir,
Lui marquer ta furprife & ta reconnaiffance :
Toujours fenfible au fort de la trifte indigence,
Le rival de ta gloire a verfé fur les tiens
De fignalés bienfaits , les honneurs & les biens.

Ses travaux, ses vertus ont eu leur récompense ;
Au Temple de la Gloire & de la Bienfaisance,
Ils sont tous pour jamais gravés des mains du Tems.
VOLTAIRE ne fut point glacé du froid des ans,
Il brava les horreurs qui suivent la Vieillesse,
Et montra tout le feu de l'ardente jeunesse :
Ce Nestor du Parnasse eut la félicité
De jouïr des transports de la Postérité.

  Un triomphe bien cher à son âme attendrie,
Fut l'honorable accueil que lui fit sa Patrie :
De ses Concitoyens les applaudissemens
Consolent un grand homme à ses derniers momens.
Il vit un Peuple entier voler sur son passage ;
Lui, ranimant sa force au déclin de son âge,
Prouva que les talens qui dureront toujours,
Dans un vieillard débile ont encor de beaux jours :
Il vit la Nation, que son génie étonne,
En pompe sur son front poser une couronne ;
Et si l'on fut jamais sensible aux sombres bords,
Dans ce jour glorieux quels sont tous ses transports (1) !

  VOLTAIRE quitte à peine une aimable retraite,
Se flattant de goûter une douceur parfaite
Au sein de sa Patrie & de quelques amis ;

---

(1) Allusion au Prix décerné par l'Académie Française.

On le revoit à peine, & ſes jours ſont finis ;
Quand la félicité s'offrait à ſa vieilleſſe,
Il meurt ; il n'éprouva qu'un inſtant d'allégreſſe ;
Aux plaiſirs enchanteurs qu'inſpirait ſon aſpect ,
A ces tranſports de joie & mêlés de reſpect ;
Aux rapides momens remplis de tant dé charmes ;
Succèdent tout-à-coup la douleur & les larmes.

    N'eſt-ce qu'en deſcendant au ſéjour de la Mort,
Que le grand homme enfin jouït d'un heureux ſort ?
D'injuſtes ennemis s'acharnent ſur ſa vie ;
Ce n'eſt qu'en expirant qu'il déſarme l'Envie.....

    Quelle voix m'a frappé ? Quelles triſtes clameurs !
« Admirons moins VOLTAIRE & plaignons ſes erreurs;
» De la Religion il méconnut l'empire ,
» Tous les biens qu'elle a faits , les douceurs qu'elle
           inſpire ;
» Les Myſtères ſacrés ſe voilant à ſes yeux ;
» Il oſa l'outrager par des traits odieux.... ». --
Non, je ne le puis croire. Ah ! des monſtres impies
Ont lancé contre lui d'horribles calomnies (1).

_____

(1) Il eſt plus que probable que dans la quantité d'Ou-
vrages peu circonſpects qu'on attribue à Voltaire, il en
exiſte un grand nombre qui ne ſont point de ce grand homme. Cependant, on eſt loin de vouloir approuver ceux qui

Sans doute il eut des torts..... Mais, grand Dieu! les
    humains
Sont-ils donc tous parfaits en fortant de tes mains?
Hélas! qu'ils ont befoin de ta clémence augufte,
Et que tu fois toujours un Père & tendre & jufte!
Cet efpoir confolant vient adoucir leurs maux,
Et montre le bonheur dans la nuit des tombeaux.

---

peuvent être échappés de fa plume ; ils font une forte de
tache à fa gloire ; & l'on ne fauroit trop exhorter les Gens
de Lettres à ne fe jamais permettre des productions qu'ils
n'ofent avouer.

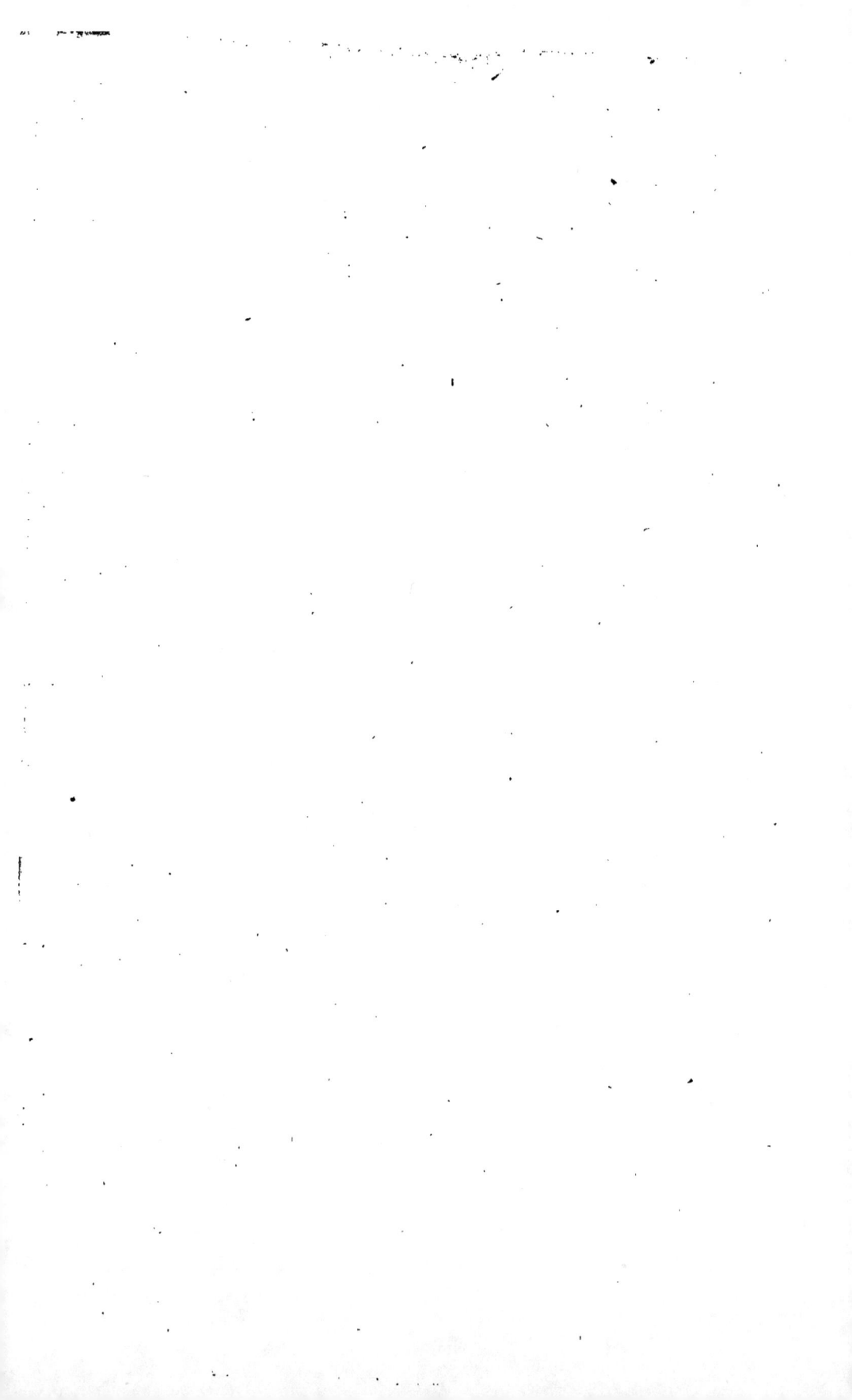

www.ingramcontent.com/pod-product-compliance
Lightning Source LLC
Chambersburg PA
CBHW061813040426
42447CB00011B/2622